LA PIPÉE,

COMEDIE

EN DEUX ACTES
ET EN VERS,

Mêlée d'ARIETTES.

Traduction libre de l'Interméde Italien
IL PARATAJO.

Repréſentée pour la premiere fois par les Comédiens Italiens ordinaires du Roi le Lundi 19 *Janvier* 1756.

Le prix eſt de 24 ſols.

La Muſique ſe vend ſéparément.

A PARIS,
Chez DUCHESNE, Libraire, rue Saint Jacques, au-deſſous de la Fontaine Saint-Benoît, au Temple du Goût.

M. DCC. LVI.
Avec Approbation & Priviľége du Roi.

A C T E U R S.

ARGANTE, *Oncle & Tuteur de Clarice,*　　　　M. Rochard.

CLARICE, *Niece d'Argante.*　Me. Favart.

FLEURI, *Amant de Clarice,*　M. Chanville.

PHILIS, *Sœur de Fleuri, Amie de Clarice,*　　Mlle. Catinon.

La Scene est dans une campagne aux environs de Paris.

LA PIPÉE,

COMEDIE

EN DEUX ACTES.

ACTE PREMIER.

Le Théâtre repréfente une campagne fur le bord de la Seine.

SCENE PREMIERE.

ARGANTE *feul.*

ARIETTE.

 OUT le monde a dans la vie
Sa manie ;
La folie
Regne par tout.
L'orgueilleux , l'ame affamée

De fumée,
Manque de tout.
Le sot vante son mérite :
Le jaloux souffre & s'agite ;
La coquette décrépite
Poursuit l'Amant qui la quitte ;
Le plus sage est le moins fou.

Sous l'empire
De Thémire,
L'un soupire,
L'autre expire :
Rien n'est pire ;
C'est un martire,
Un délire,
Qui me fait dire,
Chacun est ensorcelé :
Tous ont le cerveau fêlé.

Au guerrier la mort dispense
Des lauriers pour récompense ;
Le joueur perd sa finance,
L'avare est dans l'indigence :
Tous ont le cerveau fêlé.

Leur martire,
Leur délire
Me fait dire,
Chacun est ensorcelé :
Tous ont le cerveau fêlé.

Rien n'eſt plus vrai ; tous les hommes ſont foux ,
Mais le plus inſenſé de tous ,
Et qui mérite plus de blâme ,
Eſt celui que mene une femme.
Ma niece cherche à chaque inſtant
A prendre ſur moi l'aſcendant ;
Elle voudroit me tenir en tutelle ,
Mais je ſuis auſſi madré qu'elle.
La voici , qui vient en chantant.

SCENE II.

ARGANTE, CLARICE ſans voir ARGANTE.

CLARICE.

Ariette. Air noté Nº. 1.

QUEL dommage !
Qu'à mon âge
Mon partage
Soit l'ennui !
Je gémis & je ſoupire ,
Sans le dire :
Jour & nuit :
Qu'un galant veuille m'entendre
Aujourd'hui :
Sans ſe deffendre ,
Mon cœur tendre
Se rend à lui.

ARGANTE *à* CLARICE.

Fort bien, fort bien, Mademoiselle,
Le ton que vous prenez vous fait beaucoup d'hon-
neur.

CLARICE *surprise que son oncle l'ait entendue.*

Qu'ai-je donc dit !

ARGANTE.

Votre bouche décéle
Les sentimens de votre cœur.
Avec bien plus de retenue
Les filles de mon tems mesuroient leurs discours.

CLARICE.

Mais alors, les Tuteurs, mon oncle, étoient-ils
sourds ?

ARGANTE.

Que dites-vous, ma niece ? *(à part)* Ah ! quelle
résoluë ?

CLARICE.

Du tems dont vous parlez, dites-moi sans couroux,
A quel âge une fille avoit-elle un époux ?

ARGANTE.

A si sotte demande il n'est point de réponse.

CLARICE.

Vous évitez le piége : hé bien , je vous annonce
Que je veux un mari, puifqu'il faut parler net.

ARGANTE.

Entendrai-je toujours ce refrein indifcret !
D'une fille bien née eft-ce-là le langage ?

CLARICE.

Je ne vois point ce qu'il a d'indécent :
    Je crois qu'une fille très-fage
    Peut avoir un defir preffant
De voir rompre les fers de fon trifte efclavage.

ARGANTE.

Mademoifelle a fait apparemment un choix ?

CLARICE.

Oui, mon choix eft fait, & fans ceffe j'y penfe :
N'a-t-on pas à mon âge affez d'intelligence
    Pour jouir de f.s droits ?

ARGANTE.

Ariette. Air noté N°. 2.

    Les nœuds du mariage
    Sont les chaines de l'efclavage ,
        Quel préfage ?
      Dans le ménage

Le chagrin
Suit le dédain:
On gémit envain :
Non, jamais l'amour n'est son partage ?
Il s'envole avec les plaisirs,
Et n'y laisse que les soupirs.

SCENE III.

CLARICE, FLEURI *survient*.

CLARICE *seule*

AH ! le maudit Tuteur que m'a laissé mon pere !
Serai-je encore longtems sous ce tiran sévere,
Qui de sa volonté veut me faire une loi ?
Est-il quelqu'un plus à plaindre que moi !
Ah ! si dumoins Fleuri dans cette circonstance
Venoit contre mes maux soutenir ma constance;
Mais il ne paroît point : que dois-je en augurer ?
Contre lui mon amour commence à murmurer.
Je l'ai vû pour nos feux prêt à tout entreprendre,
Cesseroit-il d'être fidelle & tendre ?

FLEURI *en entrant*.

Je vous retrouve enfin : ce n'est que près de vous
Que je goûte un plaisir extrême.
Ah! que les yeux de ce que j'aime
Ont pour moi des charmes bien doux !

J'étois avec ma fœur qui flattant ma tendreffe ;
De vos attraits touchans me vantoit le pouvoir,
  Et fufpendoit par cette adreffe
L'empreffement que j'avois de vous voir ;
Mais à mon air diftrait, à mon impatience
    Elle a dû s'apercevoir
    Que vous feule deviez avoir
Le fecret de guérir les rigueurs de l'abfence.

CLARICE.

  Je faifois le procès au zèle des Amans,
      Lorfque je t'ai vû paroître :
Loin deux, difois-je, hélas ! nous comptons les mo-
      mens,
      Tandis qu'ils fe font peut-être
      Un plaifir de nos tourmens.

FLEURI.

    Je crois que l'aimable Clarice
    Me rend un peu plus de juftice ;
    Et qu'elle n'a pas fujet....

CLARICE.

    Mais tu m'as parlé d'un projet
Qui doit de mon Tuteur m'empêcher de dépendre ;
    Quand en verrai-je l'effet ?

FLEURI.

Nous fommes convenus de nous taire & d'attendre ;
J'obferve le traité, mais j'ai les yeux fur tout.

CLARICE.

Attendre, ne rien dire, est bien peu de mon goût:
Je suis fille en un mot, & jamais le silence
N'a caché le dépit de mon impatience.
Jamais de nos desseins nous ne viendrons à bout.

FLEURI.

Point d'humeur, j'imagine une ruse immancable:
Laissez faire. A nos vœux votre oncle, plus traitable,
Dès ce soir conclura notre himen souhaité.

CLARICE.

Lui? Ne t'en flattes pas; il est plus entêté
Que jamais.

FLEURI.

Nous verrons; je sçaurai le réduire.
Mon bonheur en dépend; laissez-moi tout conduire;
Vous voyez mon déguisement:
J'attends tout de cet artifice,
Cet habit emprunté dupera l'avarice
Du Tuteur qui s'oppose à mon contentement.

ARIETTE.

Va, rassure-toi, ma chere,
Bientôt
Mon sçavoir faire
Nous tirera d'affaire.
Compte sur moi, ma chere,

Jamais quand il faut plaire
L'Amant n'est en défaut.

Espere,
Ma chere,
En ce jour,
A ton oncle mon amour
Prépare un joli tour.
Je ris de la colere
Qu'il en aura tantôt :
Qu'il sera sot !
Nous le tiendrons bientôt,
Qu'il sera sot !

CLARICE.

S'il se laissoit duper, je serois bien surprise ;
Mon oncle est méfiant & ne donne pas prise.

FLEURI.

L'Amour est bien ingénieux
Quand il est éclairé par le feu de vos yeux.
Il m'inspire le stratagême ;
S'il réussit, j'aurai la main de ce que j'aime.
Mon bonheur est certain.

CLARICE.

Je n'ose l'esperer.

FLEURI.

Soyez tranquille ; adieu, je vais tout préparer.

SCENE IV.

CLARICE *seule.*

MALGRÉ sa flateuse promesse
Rien ne sçauroit raffurer mon amour :
L'efpoir, la crainte, tour à tour,
Font naitre dans mon cœur la joie & la trifteffe.

Ariette. Noté Nº. *3.*

Un épais & fombre nuage
Annonce l'orage :
Il préfage
Un prompt naufrage.
Efperons avec courage,
Le ciel deviendra ferein ;
Plus de chagrin !

SCENE V.

Le Théâtre repréfente des bocages fur le rivage de la
Seine.

FLEURI *feul déguifé en Payfan.*

TROMPER un vieux avare eft un plaifir bien
doux.
Ma fœur doit avec moi conduire l'impofture ;

Elle n'a d'autres biens que ceux de la nature ;
Tâchons de lui donner Argante pour époux :
    Souvent les vieux font assez foux
Pour se laisser prendre par la figure :
Les graces tiennent lieu de dot & de bijoux.
Mon embuche est dressée, & le moment arrive ;
Où pour se promener il choisit cette rive :
Déja je l'apperçois ... feignons de travailler.

Fleuri fait semblant de creuser
sans voir Argante.

ARGANTE *seul.*

J'ai toujours cent projets en l'air ,
Je voudrois bien avoir une Maitresse ,
Qui sçut mériter ma tendresse ;
Mais le cœur d'une fille est trop interessé ;
Si de ma niece aussi j'étois débarassé ,
    Et pouvois garder la richesse
Que son pere en mourant pour elle m'a laissé ;
Mais il faudra sa dot avant l'acte passé.
Je voudrois .... je ne sçai .... mais que fait-là cet
    homme ?
De sa mâle vigueur il n'est point économe.
Il y va de bon cœur.

FLEURI.

Ariette. Noté N°. 4

Que ne suis-je hirondelle ?
Pour aller soudain
Annoncer à ma belle

Mon riche butin.
Seroit-elle cruelle ?
L'Amour me dit, non :
L'or rend un cœur rebelle,
Doux comme un mouton.

à part.

Il est attentif, bon.
Il mord à l'hameçon.

haut.

Un trésor en ta puissance !
Ah Lucas ? quel bonheur pour toi ?
Ton sort vaut bien celui d'un Roi :
Oui , je suis dans l'opulence :
Me trompai-je ? Non ma foi ?
Il est pour moi ,
Il est à moi.

ARGANTE *à part.*

Un trésor ! voyons ce que c'est....

haut.

Monsieur , je suis votre valet.

FLEURI.

Monsieur , je suis le votre ... une certaine affaire
M'occupe ici.

ARGANTE.

Puis-je sans vous déplaire
Demander ce que c'est ?

FLEURI.

C'est .... j'exerce mes bras ,
Pourquoi le demander ; ne le voyez-vous pas ?
Au demeurant que vous importe !

ARGANTE *à part.*

Me tendroit-il un piége en parlant de la forte ?
Ou bien eft-ce un fecret qu'il voudroit me cacher ?

haut.

Je ne prétends pas vous fâcher
L'ami, mais puifqu'ici ma préfence vous bieffe,
Je me retire & je vous laiffe ;
Adieu. Travaillez fans témoin.

à part.

Pour voir ce qu'il fera, cachons-nous dans un coin.

FLEURI *recommence.*

Que ne fuis-je hirondelle ?

ARGANTE *fort précipitamment.*

Il n'eft plus tems de te défendre,
Ton fecret m'eft connu ; je viens de tout entendre ;
Explique-toi : quel eft donc ce butin ?
Voyons le ... dans quel lieu....

FLEURI.

Monfieur.

ARGANTE.

Parle, coquin ?

Ou je m'en vais, fans tarder d'avantage,
Apeller contre toi le Bailli du village.

FLEURI.

Là, là, tout doux ! ... mais je crains de parler,
Etes-vous feul ?

ARGANTE.

Tout feul.

FLEURI *à part.*

Tâchons de l'engeoler.

haut.

Puis-je en vous prendre confiance ?

ARGANTE.

Tu le peux.

FLEURI.

Il suffit ; il faut de la vaillance ;
En avez vous ?

ARGANTE *en tremblant.*

Beaucoup.

FLEURI.

Hé bien ! écoutez-moi ;
Vous m'avez vû fouiller.

ARGANTE.

Oui.

FLEURI.

Voici pourquoi.
D'un trésor caché là , j'ai fait la découverte ;
Profitons vous & moi de la fortune offerte,
Partageons à nous deux cet argent enfoui ,
Et gardons le secret. Consentez-vous ?

ARGANTE.

Oui.

FLEURI.

Mais il faudra m'aider.

ARGANTE.

Que veux-tu que je fasse,
Dis le moi ?

FLEURI *lui donnant la pioche.*

Je suis las ; tenez , prenez ma place ;
Voilà la pioche, allons , creusez ici.

ARGANTE.

ARGANTE.

Où ?
La trape descend.

> *Argante tombe dans la foffe ,*
> *& crie au fecours.*

FLEURI.

Là .... l'ours eft dans la tanniere ,
Glarice doit par moi l'aprendre la premiere ,
Courons l'en avertir.

SCENE VI.

ARGANTE *dans la trape ,* **FLEURI , PHILIS.**

FLEURI.

LE voilà dans la trape ;
Nous ferons danfer l'ours
Par cette attrape.

ARGANTE *dans le foffé.*

Au fecours , au fecours.

PHILIS.

Quel fon me frape ?

ARGANTE.

A l'aide , au fecours , au fecours.

PHILIS.

Quels cris ! hé vîte !

B

Quelqu'un dans ce foffé
Tout froiffé
S'agite.

> *Des Payfans viennent*
> *retirer Argante.*

ARGANTE *aux Payfans.*

Ai , ai : j'ai les côtes rompues ;
Vos peines , braves gens , ne feront point perdues.

> *Il leur donne de l'argent.*

PHILIS *à part.*

Voyons s'il fera généreux.

ARGANTE *à* PHILIS *après avoir remercié les*
Payfans

C'eft à tes foins officieux
Que je dois le fecours propice
Qui m'a tiré du précipice.
Je ne puis t'exprimer ce que mon cœur reffent ;
Mais je fuis fort reconnoiffant.
Puis-je fçavoir le nom de ma Libératrice ?

PHILIS.

Je m'apelle Philis , dans le hameau prochain
Je fais ma demeure ordinaire ,
Je garde près d'ici le troupeau de mon pere ,
Et je rends graces au deftin
De m'avoir en ce lieu conduite par la main
Pour prêter à Monfieur un fecours falutaire.

ARGANTE.

Comme elle a de l'efprit ! ha ! charmante bergere
Votre ingenuité jointe à votre candeur,
Fait trop de progrès dans mon cœur ,

De vos beaux yeux l'amour s'y glisse ;
    Vous pouriez me rendre amoureux.
Je vous quitte , Philis.

PHILIS.

        Par ces mots doucereux
Comptez-vous acquitter cet important service ?

ARGANTE.

Non , je veux avec toi me lier d'amitié ,
Et dans tous mes plaisirs te mettre de moitié.
    Ton bon cœur & ta gentillesse
M'ont décidé ; compte sur ma tendresse ;
En carosse brillant nous irons à Paris ,
Pour toi j'y ferai naitre & les Jeux & les Ris,
Les Boulevards , le Cours , le Bal , la Comédie ,
    Tu verras tout , au gré de ton envie ;
    Du tendre amour nous sentirons les feux ,
Nous vivrons l'un pour l'autre , & nous serons heu-
   reux.

PHILIS.

Je ne fais point de cas de ces galands de ville.

ARGANTE.

    Ton goût est donc bien difficile ?

PHILIS.

    Ces Messieurs se font trop valoir ;
Leur bruyante grandeur me seroit importune ;
    Et leur amour , ainsi que leur fortune ,
    Change du matin au soir.
De nous je sçai d'ailleurs que souvent on se moque.
Ce que vous promettez me paroît équivoque.
              B ij

Ariette. Noté Nᵒ. 5.

Des yeux le langage tendre
Fait voir un cœur amoureux :
Les plaifirs qu'on nous fait prendre
Le décelent encor mieux.

 Soupir, parole,
 Tout eſt frivole :
 On nous engeole,
 Quand la piſtole
 Brille à nos yeux.
 Une fête
 Qu'on apprête,
 Nous arrête ;
 Mais la conquête
 Eſt loin encor,
 Il faut de l'or.
 Un Amant
 Tendre & galand,
 Mais indigent,
 Y perd ſa peine.
 Et de ſa chaine
 Rit l'inhumaine
 Que l'or mene.
 L'or ſeul l'entraine.
 Point d'argent,
 Elle eſt hautaine,
 L'humeur la prend.

ARGANTE.

Va, tu n'auras point à te plaindre ;
Tu peux t'en fier à moi.

PHILIS.

Monſieur, de votre bonne foi
Je croirois n'avoir rien à craindre ;
Si .... Le joli brillant que vous avez au doigt !

ARGANTE.

Ah ! je vois venir Clarice ;
Finiſſons notre entretien ;
Je n'oublierai jamais cet important ſervice,
J'en ſuis reconnoiſſant, & tu n'y perdras rien ;
Tu peux avoir un jour & mon cœur & mon bien.

PHILIS à part & s'en allant.

De ſon cœur, ſans effort, je fais le ſacrifice ;
Puiſqu'il n'aura jamais le mien ;
Qu'il nous donne ſon or, & quitte je le tien !

Elle ſort.

SCENE VII.

ARGANTE ſeul.

QUE je viens de l'échaper belle !
Voilà donc de tes tours, ô fortune cruelle ;
Pour chercher un tréſor je me caſſe le cou,
Et ne trouve jamais le ſou.
Ce maudit piocheur m'a pris pour une grue,
Il croyoit que j'allois me prendre à l'hameçon ;
Mais je gagerois moi, qu'à l'endroit qu'il remue,
Il n'eſt non plus d'argent qu'au coffre d'un gaſcon.

B iij

CLARICE *fans voir Argante.*

à part.

Fleuri ne paroît point : quelque nouvel obſtacle
A retardé l'effet de ce qu'il m'a promis.

ARGANTE *apercevant Clarice.*

Ah ! ma niece, pour toi le ciel n'a pas permis
Que je périſſe ; & c'eſt un grand miracle,
Si ton oncle à tes yeux eſt encore vivant.

CLARICE.

Quel malheur ! achevez.

ARGANTE.

      Je marchois en rêvant,
Me promenant comme à mon ordinaire,
Quand ſoudain ſous mes pieds s'ouvre une fondriere,
J'y tombe.

CLARICE.

   Hé bien ?

ARGANTE.

      J'apelle, l'on m'entend,
On vient à mon ſecours ; ah ! Clarice, ah ! ma niece,
Il faut te faire part du plus beau de la piece.

ARGANTE, CLARICE.

DUO.

ARGANTE *ſeul.*

D'une ardeur extrême
   J'aime.
  Qui l'eût cru ?
En ces lieux j'ai vu,

Et je suis vaincu.
J'étois dans un précipice,
Et j'implore un bras propice;
Ah ! Clarice,
Quel office !
Mon cœur novice
A payé bien cher ce service:
Mon aimable Libératrice
M'a vaincu par cet artifice.
Je suis vaincu;
Qui l'eût cru ?

CLARICE *seule.*

Une aimable pastourelle,
Jeune & belle,
Dont la prunelle
Ensorcele,
Vous rend fidelle;
Votre cœur épris,
Surpris,
Brule pour elle:
Au nouvel Amant
Je fais mon compliment:
Oh ! vous êtes charmant.
(*Argante soupire.*)
Ce gémissement
Vous décele;
En ce jour
L'Amour
Vous mene:
Il vous enchaine:

Point de détour
Dans ce séjour,
Ce Dieu vous a fait un tour ;
Il vous mene.

ARGANTE *seul.*

Et sans retour

CLARICE.

Quelle honte !

ARGANTE.

Ah ! quel conte !

ENSEMBLE. Noté Nᵃ. 6.

CLARICE.	ARGANTE.
L'himen a plus d'un souci ,	Je n'aurai point ce souci ;
Lorsqu'à votre âge	L'homme à mon âge
L'on s'engage ;	Qui s'engage
Songez-y :	Est cheti :
D'un vieux mari	D'un tel mari
On dit , fi ; fi.	Dit-on, fi, fi ;

ARGANTE *seul.*

Chere niece ,
Dans ces lieux
Deux beaux yeux
Pleins de tendresse
M'ont fait piece ;

ENSEMBLE.

Que je plains un cœur qui soupire	Mon cœur soupire
· · · · · · ·	Et j'ose le dire
Vous osez le dire	· · · · ·
Quel délire !	Pourquoi rire ?

Qui ne riroit
De ce trait ?
Gardez votre secret.
Quel délire !
Pourquoi le dire ?
. . . . . .
. . . . . .

Quand je soupire,
Pourquoi rire ?
De ce trait
Mon cœur soupire
Sans délire,
Et je puis dire
Mon secret.

CLARICE *seule.*

Une pastourelle,
Jeune, tendre & belle,
Vous aimera-t-elle
Constante & fidelle ?
Vous la croyez telle :
Vous vous trompez fort ;
Un amant s'en mêle :
On goûte son zèle,
Et l'époux a tort.

ARGANTE *seul.*

Tout me rassure :
Sur ma figure,
J'ai mon passe-port.

CLARICE *seule.*

Une pastourelle,
Jeune, tendre & belle,
Vous aimera-t-elle ?
J'en doute très-fort.

ARGANTE *seul.*

Je l'espere.

CLARICE *seule.*

C'est chimere.

ENSEMBLE.

CLARICE.	ARGANTE.
Mais à votre âge	Mais à mon âge
Celui qui s'engage	Celui qui s'engage
Dans le mariage	Dans le mariage
Verra	Verra
Ce qu'on dira.	Ce qu'on dira.
L'on rira,	L'on rira,
L'on dira,	L'on dira,
L'on rira,	L'on rira,
L'on dira,	L'on dira
L'on jasera,	Ce qu'on voudra.
L'on rira,	L'on rira,
L'on dira,	L'on dira,
Et l'on se moquera.	Et lui s'en moquera.

Fin du premier Acte.

ACTE II.

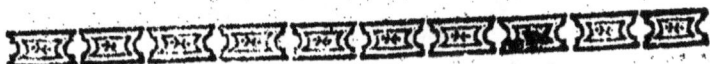

SCENE PREMIERE.

PHILIS, ARGANTE.

PHILIS portant des Oiseaux dans une cage.

ARIETTE. Air noté Nº. 7.

TRENÉS, Meſſieurs, étrenés une fillete.
J'ai dans ma cage & Pinçon & Fauvette :
Venez tous, venez faire emplette.
Avancez,
Choiſiſſés,
Ils ſont privés,
Venez faire emplette :
Voulez-vous l'Alouette ?
Voulez-vous la Fauvette ?
Hé ! hé !

ARGANTE *à Philis.*

Va vendre ailleurs ta marchandiſe :

Elle n'est point ici de mise ,
La Belle , laisse-moi.

PHILIS.

Le joli compliment !
Monsieur , vous oubliez bien vîte ,
Celle qui charitablement
Vous a tiré d'un mauvais gîte :
Vous me parliez alors differemment ;
Vous vouliez être mon Amant.

ARGANTE.

Ah ! c'est toi , belle enfant , avois-je la berlue ?
Je ne t'avois pas reconnue :
Pardonne à mon esprit reveur.

PHILIS.

J'ai bien de la peine à vous croire.

ARGANTE.

Hé ! pourquoi donc , mon petit cœur ?

PHILIS.

Ou vous êtes menteur ,
Ou bien vous perdez la mémoire.
N'avez vous pas dit tantôt
A Clarice votre niece
Que pour moi vous aviez une vive tendresse ;
Que vous m'épouseriez bientôt ?
Dût-elle en mourir de tristesse.
Allez , Monsieur , vous feriez mieux
De la marier elle-même.
Donnez-lui l'Amant qu'elle aime ;
Cessez de vous rendre odieux.

ARGANTE.

Quoi! pour ſes intérêts tu me cherches querelle?

PHILIS.

Clarice vient : je vous laiſſe avec elle ;
Je pars : ſongez à couronner ſes vœux ;
Mettez fin aux tourmens de deux cœurs amoureux.

ARGANTE.

(*à part.*) Elle ſçait ſon ſecret : (*haut.*) à te revoir, la
Belle.

SCENE II.

CLARICE, ARGANTE.

CLARICE.

MON Oncle, c'eſt donc là cet objet de vos
feux ?

ARGANTE,

C'eſt lui-même,

CLARICE.

L'Amour vous rendra généreux :
L'amour fait quelquefois des miracles ; j'eſpere
Qu'en ce jour il en fera deux :
Philis a ſçu vous plaire ,
Pour épouſe vous la prendrez ;
Et vous la doterez :
Après, ſoit dit ſans vous déplaire ,
Vous retenez mon bien & vous me le rendrez.

ARGANTE.

Je crois que de moi l'on se mocque,
Un semblable discours me choque.

Ariette notée N°. 8.

Esprit , gentillesse
Vaut mieux que richesse :
Quand on est bien fait
Aux Belles on plaît :
Et c'est bien-tôt fait.
　　On blesse
Du premier trait ,
Et c'est-là mon fait.
　　Je presse ,
　　Je blesse
Du seul premier trait.

CLARICE *à part.*

Essayons, par la douceur,
D'amadouer cet avare.

haut.

Pour moi, cher Oncle, ayez moins de rigueur,
Rendez-moi mon bien.

ARGANTE.

　　　　　　Tarare ,

CLARICE.

Ah ! vous avez tant de bonté :
Pourquoi me refuser ?

ARGANTE.

　　　　Telle est ma volonté.

CLARICE.

Ariette , N°. 9.

Cher Oncle , tuteur tendre,
Ah ! pourquoi me faire attendre ?
Ah ! pourriez-vous vous défendre
De rendre
Un bien que je dois reprendre ?
Ah ! je ne puis m'y méprendre ,
Bientôt
J'aurai ma dot.
Oui , je vous rends justice ,
Votre amour pour Clarice,
Va faire un sacrifice
Propice :
Bientôt
J'aurai ma dot.

ARGANTE.

Finiras tu bientôt ta Comedie ?

CLARICE.

Non , retenir mon bien , c'est m'arracher la vie ;
Vous êtes un tiran.

ARGANTE.

Quoi , me parler ainsi !
Me gardiez-vous ce grand-merci,
Pour les soins que j'ai pris d'élever votre enfance ?
Ingrate , à découvert ton ame se fait voir ;
Mais je sçaurai punir ton insolence ,
Et te ranger à ton devoir.

CLARICE.

Mon oncle....

ARGANTE *en la menaçant.*

Taifez-vous , marchons , va , je t'aprête....

CLARICE *à part.*

Je vois bien qu'il faudra faire un coup de ma tête.

***

SCENE III.

FLEURI, CLARICE.

FLEURI.

ST , ft , Clarice.

CLARICE.

　　　　　　Hé bien donc ! quoi ?
As-tu perdu la tête ,
Et ne vois-tu pas devant moi
Marcher ce vilain trouble-fête ?

FLEURI.

Ecoutez mon projet.

CLARICE.

　　　　　　Non , je n'écoute rien ;
Ils te réuffiffent fi bien....

FLEURI.

Eft-ce ma faute , fi. . . . ?

CLARICE.

　　　　　　Voudrois-tu bien te taire :
Tu n'es point affez fin pour conduire une affaire ;
　　　　　　　　　　　　　C'eft

C'eſt moi qui veux m'en charger,
Trouve-toi tantôt au verger.
Tu verras ce que je ſçai faire.
Nous avons formé le projet
D'une nouvelle ſourberie,
Philis & moi : mon oncle en eſt l'objet :
Ne nous trouble point, je te prie.
Ma colere s'aigrit, quand on me contrarie.
A quelque pas de nous tu te tiendras caché,
Et tu verras ſi cet ours mal léché
Se tire de mes mains ſans que je le déniaiſe,
Tu pourras de mes tours te moquer à ton aiſe.
Je ne te dis plus rien, Fleuri, prends garde à toi.

SCENE IV.

FLEURI ſeul.

Nous verrons ſi Clarice a plus d'eſprit que moi :
Je ſçai que quand l'amour fait agir une Belle,
Il faut être bien fin pour être plus fin qu'elle ;
Qu'en ruſes, en détours ſon génie eſt fécond ;
Mais je n'ignore pas qu'un avare en ſçait long ;
Le ſoin de ſes écus & l'agite & l'occupe ;
Il craint toujours qu'on ne le dupe.
Argante contre toi s'oppoſe à nos ſouhaits,
Il y va de ta gloire, Amour, ſers nos projets.

C

Ariette. Air noté N°. 10.

Quitte Cithére,
Dieu du mistére ;
C'est en toi que j'espére.
Amour , rends heureux
Deux cœurs amoureux.
Serre nos chaines :
Finis nos peines :
Que les plus tendres plaisirs
Remplacent les soupirs :
Viens combler nos desirs.

SCENE V.

Le Théâtre représente des vergers préparés pour la
Pipée.

PHILIS , CLARICE *apprêtant des filets.*

PHILIS.

POur nos projets la journée est charmante,
Le Ciel couvert , pas le moindre zéphir,
Oh ! que nous aurons de plaisir !
Que d'oiseaux nous prendrons !

CLARICE.

Si contre notre attente....

PHILIS.

Ne crains rien : tout est prêt, apeaux, cages, filets,
Ne faisons point de bruit, tenons nous aux aguets.

CLARICE.

Auparavant je veux examiner moi-même,
Si rien ne manque au stratagême ;
Souvent par toi les rets sont si mal accrochés,
Que j'ai vû quelquefois les oiseaux dénichés.

Dialogue en chant. Nº. 11.

PHILIS.

Troupe volage
A mettre en cage,
Quel beau plumage !
Quel doux ramage !

CLARICE.

Paix, paix.

PHILIS.

Oui, je me tais.
Déja je vois trois alouettes,
Et deux fauvettes :
Six, sept.

CLARICE.

Quoi ! tu répetes ?
Paix, paix.

PHILIS.

Oui , je me tais.

SCENE VI.

FLEURI, CLARICE, PHILIS.

FLEURI.

Comment va la pipée ? En avez vous bien pris ?

PHILIS.

Paix donc.

CLARICE.

Faut-il être surpris
Si nous n'avons rien pris encore ?
Nous n'avons pas tiré le filet d'aujourd'hui.

PHILIS.

Renvoyez-le , Clarice , ordonnez lui
D'aller causer tout seul près de ce sicomore,
Derriere ce buisson & de s'y bien cacher.

CLARICE.

Pour avoir du plaisir & ne pas nous fâcher,
Va-t-en & ne dis mot.

FLEURI.

Mais, si sans qu'on l'attende
Votre oncle alloit venir.

CLARICE.

C'est ce que je demande.
Le voici, cache-toi vîte.

Ariette notée N°. 12.

Après la tristesse,
La vive allegresse
S'empresse
Par ses douceurs
De consoler nos cœurs.
A ce remede
Tout cede:
Tout cede à ses plaisirs,
Et ces plaisirs
Enchaînent nos soupirs.

SCENE VII. *& derniere.*

ARGANTE, CLARICE, PHILIS, FLEURI *caché.*

ARGANTE *à Clarice.*

FOrt bien , Mademoifelle , hé , dites-moi , de
····grace ,
····Quand aurez-vous de la raifon ?
Les bals & les concerts , & la pêche & la chaffe ,
····Hors le devoir , tout vous eft bon.

PHILIS.

····Ne la grondez pas d'avantage ,
····Nous nous amufons toutes deux.

ARGANTE.
····*à part.*
····Si la nouveauté de ces jeux
Lui faifoit oublier & dot & mariage ,
····L'évenement feroit heureux.
····*haut.*
····Ah ! Philis eft de la partie !
····Je m'adoucis ; cela la juftifie ;
····Et pour aujourd'hui feulement ,
····Je vais participer à cet amufement.

Ariette. Noté N°. 13.

Le badinage,
Les ris & les jeux,
Sont faits pour votre age,
Et vous pour eux.
Vos attraits parent les graces,
Sur vos traces
On voit éclore les fleurs :
De nos cœurs
Vos beaux yeux font les vainqueurs.
Le badinage,
Les ris & les jeux,
Sont faits pour votre age,
Et vous pour eux :
Qui les partage
Eſt heureux.

CLARICE.

à part.

Bon ; c'eſt ce que je ſouhaite.

haut.

Cette brouſaille va vous ſervir de cachette.

ARGANTE.

Serai-je bien ici ?

CLARICE.

Non, de l'autre côté vous ſerez mieux aſſis.

*Argante paſſe de l'autre côté & va s'aſſeoir
dans l'aire du filet que Clarice & Philis
tirent en entrant dans la feuillée. Argante
ſe trouve pris, & Fleuri ſe met à dire en
ſortant de l'endroit où il s'étoit caché.*

ARGANTE.

Me ferois-je laiffé furprendre ?
Venez , courez à mon fecours.
Clarice & Philis s'approchent.

PHILIS.

O le vilain oifeau que nous venons de prendre !

ARGANTE.

Philis , tu badines toujours.

FLEURI *à Clarice.*

Je crains qu'il ne fe dégage.

CLARICE *à Fleuri.*

Ne crains rien , les filets font bons.

ARGANTE.

Clarice , ces jeux-là ne font plus de mon âge :
Viens me tirer d'ici , m'entends-tu ? Finiffons.

CLARICE.

Je ne plaifante point ; tout cela font chanfons.
  Si vous voulez fortir de cette cage ;
  Confentez à mon mariage ,
 Et donnez-moi la clef de votre coffre fort.
En demandant mon bien je ne vous fais point tort.

ARGANTE.

Cesse de faire la mutine ;
J'ai fait choix d'un Epoux que ma main te destine :
Il est jeune, bienfait, d'un gracieux maintien,
Et pour plaire à tes yeux il ne lui manque rien :
Entre son pere & moi cette affaire est conclue,
A demain des futurs j'ai fixé l'entrevue,
Tu seras mariée ; en te rendant ton bien,
Par le même contrat je t'assure le mien ;
De mes bontés pour toi je ne fais plus mistere ;
Pour seconder tes vœux tu vois comme j'agis :
Laisse-là tes oiseaux ; retournons au logis.
Détache tes filets.

CLARICE.

Ni Contract, ni Notaire,
Ni cet Epoux charmant que vous m'avez choisi ;
Ne vous tireront pas d'ici ;
Mon oncle, vous avez beau faire ;
On ne me leurre point ainsi.

ARGANTE.

Je consens à ton mariage.

CLARICE.

La clef de vos écus peut seule ouvrir la cage :
Donnez la moi, sans quoi point de quartier ;
Vous serez longtems prisonnier.

ARGANTE.

A tout ce que tu veux, hé bien, je me conforme ;
  à part.
Puis je faire autrement, puis-que me voilà pris ?

CLARICE *à part.*

J'ai forcé cet avare à raiſonner en forme :
De notre ſtratagême enfin voici le prix.

ARGANTE.

Voilà la clef.
CLARICE *en l'examinant.*

Vous vous êtes mépris ;
La clef de vos ducats a bien une autre forme.
Vous ne ſortirez point de là,
Si je ne l'ai.

ARGANTE.

Tiens, la voilà.

Clarice prend la clef, & fait ſortir
Argante du filet.

CLARICE.
Ariette. Noté N°. 14.
Malgré les vents & l'orage,
Ma nef touche enfin au port :
  L'équipage,
  Sans cordage,
  Perd courage,
  Mais à tort.

La prudence
S'en offenfe :
L'affurance
Nous avance :
La conftance
Mene au port.

ARGANTE.

Que parles-tu de barque & de tempête ?
C'eft dans ta mauvaife tête
Que l'orage regne toujours.

PHILIS.

A quoi fervent tous ces difcours ;
Il faut faire de bonne grace
Ce qu'on ne fçauroit empêcher ;
Votre niece vous embaraffe,
Mariez-la fans vous fâcher.
Mon-frere que voilà la chérit, elle l'aime ;
En leur faveur décidez-vous ;
Vous ferez leur bonheur fuprême.

CLARICE.

Mon oncle, y confentez vous,
Si je prens Fleuri pour Epoux ?

ARGANTE.

(haut.) Oui, j'y confens. (à part.) Ah! quelle violence!
Ouf. J'étouffe.

CLARICE.

Mon cœur plein de reconnoissance
Au rang de vos bienfaits va mettre mon mari.

ARGANTE.

Rusée !

FLEURI se jette aux pieds d'Argante.

A vos genoux vous voyez ce Fleuri.

ARGANTE *à part.*

Cette figure-là ne m'est pas étrangere.

FLEURI.

Votre indécision , Monsieur , me désespere ;
Achevez par bonté l'ouvrage commencé.

ARGANTE.

Ah ! ah ! c'est-lui.... Que ne suis-je hirondelle !

PLEURI.

Argante , oublions le passé ;
Venez serrer les nœuds d'une chaine si belle :
Nous comptons sur votre bon cœur,
Clarice & moi ; vous connoissez ma sœur,
Son déguisement en bergere
Ne s'est fait que pour mieux vous plaire ;
Prenez-la , vous l'avez promis :
Devenez à la fois mon oncle & mon beau-frere ;
Vivons contens & bons amis.

Il donne la main à Clarice.

COMEDIE.

QUATUOR.

ARGANTE, CLARICE, PHILIS & FLEURI,

Tous quatre ensemble.

AIR noté N°. 15.

En cachette
Faisons retraite,
Sans trompette
Ça décampons.
Mais non , differons
La retraite,
Restons ;
La fête
S'apprête ;
Arrête :
Voyons.

CLARICE, *seule.*

Clarice fort contente
Pour elle aura Fleuri.

FLEURI.

Et Philis dans Argante
Trouvera son mari.

PHILIS *à part.*

Que cette attente
M'enchante !

CLARICE, & FLEURI.

Argante est attendri.

LA PIPE'E.

PHILIS à *Argante qui se tait.*

Ce silence
Nous offence :
Parlez vîte & tôt,
Dites le bon mot.

CLARICE, FLEURI à *part.*

Il pense !

CLARICE, PHILIS & FLEURI à *Argante.*

Dites le bon mot.

ARGANTE, *seul.*

Philis sera mon lot.

Tous quatre ensemble.

La parole est donnée ,
O l'heureuse journée !
Nous sommes tous contens ;
Pour l'hymenée
Quelle journée !
Nous sommes tous contens.

FIN.

APPROBATION.

J'AI lû par ordre de Monseigneur le Chancelier , *La Pipée, Comedie Italienne* , & je crois que l'on peut en permettre la représentation & l'impression. A Paris , ce 12 Décembre 1755.   CREBILLON.

Le Privilège & l'enrégistrement se trouvent à la fin du tome 3e. du Nouveau Recueil des Piéces représentées sur le Théâtre de l'Opera-Comique depuis son rétablissement ,&c.

Ouvrages de M. VADE'.

LA Pipe caſſée, Poëme.
Les quatre Bouquets Poiſſards.
Les Lettres de la Grenouilliere.

OPERA-COMIQUES NOUVEAUX depuis 1752.
du même Auteur.

La Fileuſe, Parodie.
Le Poirier.
Le Bouquet du ROI.
Le Suffiſant.
Les Troqueurs & le Rien, Parodies.
Airs choiſis des Troqueurs.
Le Recueil de Chanſons avec la Muſique.
Le Trompeur Trompé.
Il étoit têms, Parodie.
La nouvelle Baſtienne.
La Muſique de la Fontaine de Jouvence.
Les Troyennes en Champagne.
Jerôme & Fanchonnette, Paſtorale.
Les trois Complimens de la clôture.
Le Confident heureux.
Folette ou l'Enfant gâté.

Opera-Comiques de M. FAVART & autres.

L'Amour au Village.
Les jeunes Mariés.
Les Nymphes de Diane, avec la Muſique.

La Magie inutile.
L'heureux accord.
L'Heureux événement.

Le Retour favorable.
La Roſe, ou les Fêtes de l'Hymen.
Le Miroir magique.

Le Rossignol , avec la Musique.
Le Monde Renversé.
Le Calendrier des Vieillards.
La Coupe Enchantée.
Les Filles.
Le Plaisir & l'Innocence.
Les Boulevards.
L'École des Tuteurs.
Zéphire & Flore.
Bertolde à la Ville.
La Peruvienne.
Le Chinois poli en France.
Les Fra-Maçonnes.
L'Impromptu des Harangeres.
La Bohémienne , Parodie , avec la Musique.

PIECES DU THEATRE ITALIEN.

Le Miroir , Comédie.
Le Bacha de Smirne , Comédie.
Les parfaits Amans , Comédie.
La Mort de Bucephale.
Année Merveilleuse , Comédie.
Alceste , *Divertissement*.
Les Femmes , *Comédie-Ballet*.

Brioché , Parodie.
L'Amant déguisé , Parodie.
Le Prix des Talens , Parodie.
Les Jumeaux , Parodie.
La Pipée , Parodie , avec la Musique.

PIÉCES in-12.

La Partie de Campagne , Comédie.
La Gageure , Comédie.
Les Petits-Maîtres , Comédie.
La Fausse Prévention , Comédie.
Le Provincial à Paris , Comédie.
La Feinte supposée , Comédie.
Les Fausses Inconstances , Comédie.
Le Retour du Goût , Comédie.

www.ingramcontent.com/pod-product-compliance
Lightning Source LLC
LaVergne TN
LVHW022213080426
835511LV00008B/1735